The Bakery of Secrets: Italian-English Short Stories for Italian Language Learners

Coledown Bilingual Books

Published by Coledown Bilingual Books, 2023.

While every precaution has been taken in the preparation of this book, the publisher assumes no responsibility for errors or omissions, or for damages resulting from the use of the information contained herein.

THE BAKERY OF SECRETS: ITALIAN-ENGLISH SHORT STORIES FOR ITALIAN LANGUAGE LEARNERS

First edition. September 27, 2023.

ISBN: 979-8223302193

Written by Coledown Bilingual Books.

Table of Contents

La Pasticceria dei Segreti

Nel cuore di Firenze, nascosta tra vicoli stretti e strade trafficate, si trovava una pasticceria unica nel suo genere: "La Pasticceria dei Segreti". Era un luogo dove le dolci creazioni non erano l'unico tesoro nascosto.

Il proprietario, Giorgio, era un uomo gentile con una passione per la pasticceria e un talento straordinario per ascoltare le persone. Le mattine iniziavano con il profumo seducente del caffè appena macinato e le vetrine erano adornate da biscotti perfettamente disposti e torte ornate con frutta fresca.

Ma ciò che rendeva davvero speciale "La Pasticceria dei Segreti" erano le confidenze condivise tra un boccone e l'altro. La gente veniva qui non solo per i dolci deliziosi, ma anche per condividere i loro pensieri più profondi con Giorgio. Era come un confessore senza giudizio.

Un giorno, una giovane donna di nome Isabella entrò nella pasticceria. Era preoccupata per il suo matrimonio che sembrava cadere a pezzi. Mentre gustava una fetta di torta al cioccolato, si sfogò con Giorgio. Lui ascoltò attentamente e le consigliò con saggezza. Nel corso delle settimane, Isabella ritornò, e ogni visita portava una nuova rivelazione e una fitta amicizia con Giorgio.

Nel frattempo, un anziano signore di nome Carlo faceva la sua tazza di tè quotidiana nella pasticceria. Era un uomo solitario, ma il sorriso affabile di Giorgio lo aveva attirato. Con il tempo,

Carlo iniziò a confidare a Giorgio le sue storie di gioventù, le avventure d'amore e le lezioni di vita.

Mentre il tempo passava, Giorgio divenne una sorta di catalizzatore per le relazioni in difficoltà. La sua pasticceria non era solo un luogo per godere di dolci prelibatezze ma anche un santuario per le anime in cerca di conforto e comprensione.

Un giorno, Isabella e Carlo si incontrarono per caso nella pasticceria. Mentre condividevano le loro esperienze, si resero conto che avevano più in comune di quanto avessero immaginato. Le loro storie e il loro legame con Giorgio avevano creato un legame indissolubile tra loro.

Il matrimonio di Isabella fu alla fine salvato, grazie in parte ai consigli di Giorgio e all'amicizia che aveva con Carlo. Nel frattempo, Carlo iniziò a frequentare il corso di cucina di Isabella e insieme crearono nuove ricette per la pasticceria.

"La Pasticceria dei Segreti" divenne un luogo dove le persone si riunivano per condividere dolci momenti e segreti profondi. Era il luogo dove le vite si intrecciavano e le storie si facevano dolci come le torte di Giorgio.

Nel cuore di Firenze, c'era un luogo magico dove la pasticceria non era solo un luogo per soddisfare il palato, ma anche un rifugio per l'anima. Era "La Pasticceria dei Segreti", dove i segreti erano custoditi con dolcezza e le amicizie erano create tra i gusti deliziosi.

The Bakery of Secrets

In the heart of Florence, hidden amidst narrow alleys and bustling streets, there lay a bakery unlike any other: "The Bakery of Secrets." It was a place where sweet creations were not the only hidden treasure.

The owner, Giorgio, was a kind man with a passion for baking and an extraordinary talent for listening to people. Mornings began with the seductive scent of freshly ground coffee, and the display cases were adorned with perfectly arranged cookies and cakes adorned with fresh fruit.

But what truly made "The Bakery of Secrets" special were the confidences shared between bites. People came here not only for the delicious treats but also to divulge their deepest thoughts to Giorgio. He was like a non-judgmental confessor.

One day, a young woman named Isabella walked into the bakery. She was worried about her marriage, which seemed to be falling apart. While savoring a slice of chocolate cake, she poured her heart out to Giorgio. He listened attentively and offered wisdom. Over the weeks, Isabella returned, and each visit brought a new revelation and a deepening friendship with Giorgio.

Meanwhile, an elderly gentleman named Carlo made his daily cup of tea in the bakery. He was a solitary man, but Giorgio's warm smile had drawn him in. Over time, Carlo began to confide in Giorgio about his youthful adventures, love affairs, and life lessons.

As time passed, Giorgio became a catalyst for struggling relationships. His bakery was not just a place to enjoy sweet delicacies but also a sanctuary for souls seeking comfort and understanding.

One day, Isabella and Carlo happened to meet in the bakery. As they shared their experiences, they realized they had more in common than they had imagined. Their stories and their connection with Giorgio had forged an unbreakable bond between them.

Isabella's marriage was ultimately saved, thanks in part to Giorgio's advice and her friendship with Carlo. Meanwhile, Carlo began attending Isabella's cooking classes, and together, they created new recipes for the bakery.

"The Bakery of Secrets" became a place where people gathered to share sweet moments and deep secrets. It was where lives intertwined, and stories became as sweet as Giorgio's cakes.

In the heart of Florence, there was a magical place where the bakery was not just a palate pleaser but also a haven for the soul. It was "The Bakery of Secrets," where secrets were held sweetly, and friendships were forged amid delicious tastes.

L'Incanto delle Dolcezze

Nel cuore di Firenze, proprio lì dove le strade secolari si incontravano in un abbraccio affettuoso, sorgeva "La Pasticceria dei Segreti". Un'atmosfera magica circondava questo luogo incantevole, che era molto più di una semplice pasticceria. Era un rifugio di emozioni, un luogo in cui il tempo sembrava rallentare e i problemi svanire.

La mente creativa dietro a questo luogo speciale era Giorgio, un pasticciere straordinario e un amico premuroso. Le sue creazioni culinarie erano l'essenza stessa dell'arte, dolci opere d'arte che danzavano tra le papille gustative dei clienti. Ma il vero segreto di Giorgio risiedeva nella sua capacità di ascoltare. Era un confidente instancabile, pronto a tendere un orecchio attento a chiunque entrasse nella sua pasticceria.

Un giorno, una giovane coppia, Marco e Lucia, varcò la soglia della pasticceria. Erano innamorati, ma le sfide della vita stavano mettendo alla prova la loro relazione. Si sedettero a un tavolo e condivisero una fetta di torta alla fragola. Mentre assaporavano la dolcezza, iniziarono a condividere i loro pensieri e preoccupazioni con Giorgio. Lui li ascoltò con calma, offrendo saggi consigli avvolti nella gentilezza.

Con il passare del tempo, Marco e Lucia divennero clienti affezionati della pasticceria. Le loro visite non erano solo un'occasione per gustare deliziosi dolci, ma anche per rafforzare il legame che avevano tra loro. Giorgio, con il suo talento per far emergere il meglio nelle persone, li aiutò a superare le difficoltà e a mantenere viva la fiamma dell'amore.

Nel frattempo, c'era un anziano signore, Enrico, che aveva perso la moglie molti anni prima. Le giornate di Enrico erano segnate da una solitudine profonda. Un giorno, incuriosito dai profumi avvolgenti che provenivano dalla pasticceria, decise di entrarvi. Si sedette al bancone e iniziò a parlare con Giorgio. Con il passare del tempo, le visite di Enrico alla pasticceria divennero una consuetudine. Giorgio gli forniva compagnia e conforto attraverso le sue storie e la sua dolcezza.

Un giorno, mentre Marco e Lucia si gustavano un'eccellente torta al limone, notarono Enrico seduto da solo al tavolo accanto. Decisero di avvicinarsi e lo invitare a unirsi a loro. Nacque così un'amicizia improbabile ma speciale, che portò gioia sia a Enrico che alla giovane coppia.

La pasticceria di Giorgio era diventata un luogo di connessioni improvvise e meravigliose. Era un posto dove le storie d'amore si rinnovavano, le amicizie sbocciavano e la dolcezza della vita si manifestava in forme deliziose.

Nel cuore di Firenze, "La Pasticceria dei Segreti" continuava a incantare chiunque avesse la fortuna di attraversare la sua porta. Era un luogo dove le emozioni si mischiavano con le fragranze dei dolci, dove i segreti erano custoditi con affetto e dove l'incanto delle dolcezze si traduceva in connessioni umane profonde e durature.

The Enchantment of Sweetness

In the heart of Florence, right where ancient streets met in a warm embrace, stood "The Bakery of Secrets." A magical atmosphere surrounded this charming place, which was much more than just a bakery. It was a haven of emotions, a place where time seemed to slow down, and troubles faded away.

The creative mind behind this special place was Giorgio, an extraordinary pastry chef and a caring friend. His culinary creations were the very essence of art, sweet works of art that danced on the taste buds of customers. But Giorgio's true secret lay in his ability to listen. He was a tireless confidant, ready to lend a attentive ear to anyone who entered his bakery.

One day, a young couple, Marco and Lucia, crossed the threshold of the bakery. They were in love, but life's challenges were putting their relationship to the test. They sat at a table and shared a slice of strawberry cake. As they savored the sweetness, they began to share their thoughts and worries with Giorgio. He listened calmly, offering wise advice wrapped in kindness.

As time went by, Marco and Lucia became loyal customers of the bakery. Their visits were not just an opportunity to enjoy delicious desserts but also to strengthen the bond they had between them. Giorgio, with his talent for bringing out the best in people, helped them overcome difficulties and keep the flame of love alive.

Meanwhile, there was an elderly gentleman, Enrico, who had lost his wife many years ago. Enrico's days were marked by deep loneliness. One day, intrigued by the enveloping scents wafting from the bakery, he decided to enter. He sat at the counter and started talking to Giorgio. Over time, Enrico's visits to the bakery became a habit. Giorgio provided him with companionship and comfort through his stories and his sweetness.

One day, as Marco and Lucia enjoyed an excellent lemon cake, they noticed Enrico sitting alone at the table next to them. They decided to approach him and invited him to join them. Thus, an unlikely but special friendship was born, bringing joy to both Enrico and the young couple.

Giorgio's bakery had become a place of sudden and wonderful connections. It was a place where love stories were renewed, friendships blossomed, and the sweetness of life manifested in delightful forms.

In the heart of Florence, "The Bakery of Secrets" continued to enchant anyone fortunate enough to cross its threshold. It was a place where emotions mingled with the fragrances of sweets, where secrets were held with affection, and where the enchantment of sweetness translated into deep and lasting human connections.

L'Armonia dei Gusti

Nel cuore di Firenze, tra le pietre antiche e i profumi di storia, c'era un luogo magico che attirava anime in cerca di consolazione e delizie culinarie. Era "La Pasticceria dei Segreti," un gioiello nascosto dove i sogni si mescolavano con il dolce profumo dei dolci appena sfornati.

Il cuore e l'anima della pasticceria erano incarnati in Giorgio, un uomo il cui sorriso era tanto accogliente quanto le prelibatezze che creava. La sua passione per la pasticceria era palpabile in ogni torta, in ogni biscotto, e la sua capacità di ascoltare era un dono che donava senza riserve. Le persone non venivano solo per gustare i suoi dolci, ma anche per condividere i loro pensieri più profondi.

Un giorno, un giovane scrittore di nome Luca si sedette da solo in un angolo della pasticceria. Aveva l'aria pensierosa, come se il mondo intero pesasse sulle sue spalle. Ordinò una tazza di caffè e una fetta di torta alla crema e iniziò a scrivere nel suo quaderno, cercando ispirazione.

Giorgio notò il giovane scrittore e, con il suo sorriso caloroso, si avvicinò a lui. "Posso offrirti qualcosa di speciale oggi?" chiese Giorgio, riferendosi ai dolci esposti dietro il vetro.

Luca guardò il banco dei dolci con ammirazione. "Cosa mi consiglieresti, Giorgio? Sto cercando un po' di ispirazione per il mio romanzo."

Giorgio sorrise ancora di più. "Beh, Luca, dicono che i gusti possano risvegliare ricordi e ispirare storie. Forse una fetta della nostra torta alla crema potrebbe portarti indietro nel tempo, a quando eri bambino e tua nonna preparava le sue prelibatezze."

Luca annuì e accettò la fetta di torta alla crema. Mentre assaporava il primo morso, chiuse gli occhi e sembrò viaggiare indietro nel tempo. La dolcezza cremosa e la delicatezza della torta lo fecero ricordare i pomeriggi passati nella cucina della nonna, con il profumo del dolce aleggiante nell'aria.

Giorgio rimase in silenzio, lasciando che Luca si perdesse nei suoi pensieri. Quando Luca riaprì gli occhi, c'era una luce di ispirazione nei suoi occhi.

"Giorgio, hai ragione," disse Luca. "Questa torta mi ha fatto tornare indietro nel tempo. Ho appena trovato l'ispirazione per il mio romanzo. Sarà una storia di dolci e ricordi."

Giorgio sorrise soddisfatto. "Sono contento di averti aiutato, Luca. Sarà un piacere leggere il tuo romanzo quando sarà pronto."

Nelle settimane successive, Luca tornò spesso alla pasticceria, portando con sé le prime bozze del suo romanzo. Ogni volta, Giorgio lo ascoltava attentamente mentre condivideva i dettagli della trama e i personaggi che prendevano vita nelle sue pagine. Era come se la pasticceria stessa fosse diventata parte integrante del processo creativo di Luca.

Nel frattempo, una giovane pianista di nome Sofia divenne una cliente regolare della pasticceria. Era una musicista talentuosa, ma ultimamente aveva perso l'ispirazione per comporre. Un giorno, mentre beveva un caffè e assaporava una deliziosa torta alle mandorle, notò Luca seduto in un angolo, immerso nella scrittura.

Sofia decise di avvicinarsi a Luca e chiedergli del suo lavoro. Luca, sempre aperto a nuove amicizie e a condividere la sua passione, iniziò a raccontarle della sua storia in lavorazione e delle sfide che stava affrontando nella composizione del romanzo.

Sofia ascoltò attentamente, e mentre lo faceva, la musica sembrò tornare alla sua mente. I suoni e le melodie iniziarono a danzare nella sua testa come le parole di una canzone. Fu come se l'ispirazione di Luca avesse scatenato l'ispirazione di Sofia.

"Sai, Luca," disse Sofia, "ho avuto un'idea per una nuova composizione mentre parlavamo. Sarebbe meraviglioso se potessimo lavorare insieme, unendo la tua narrativa e la mia musica."

Luca sorrise entusiasta. "Sarebbe un onore, Sofia. Penso che insieme possiamo creare qualcosa di veramente speciale."

Così iniziò una collaborazione unica tra il giovane scrittore e la talentuosa pianista. Si incontravano regolarmente nella pasticceria, discutendo idee e dando vita alla loro creazione con la dolcezza dei dolci e il calore del caffè di Giorgio a fare da sfondo. La loro collaborazione divenne un'armonia perfetta tra le parole e la musica, e il risultato era un'opera d'arte che toccava l'anima di chiunque l'ascoltasse o la leggesse.

Nel frattempo, la pasticceria continuava ad essere un luogo di incontro per molte altre persone. Coppie innamorate venivano a festeggiare i loro anniversari, amici si riunivano per condividere risate e confidenze, e viaggiatori solitari trovavano conforto nella gentilezza di Giorgio e nella bellezza dei suoi dolci.

Un giorno, una anziana signora di nome Maria entrò nella pasticceria. Era una cliente abituale, ma questa volta aveva un sorriso radiante sul viso. Si sedette al suo tavolo preferito e chiese una fetta di torta alla ricotta e limone.

Giorgio notò l'entusiasmo di Maria e chiese: "Cosa c'è di così speciale oggi, Maria? Sei così felice."

Maria sorrise e iniziò a raccontare. "Oggi è il mio cinquantesimo anniversario di matrimonio, Giorgio. E mio marito, che non è mai stato un grande amante dei dolci, ha deciso di venire qui con me per festeggiare."

Giorgio si unì alla gioia di Maria e le portò una fetta speciale di torta alla ricotta e limone, decorata con candeline. Quando il marito di Maria arrivò, tutti i clienti della pasticceria applaudirono mentre la coppia tagliava la torta insieme. Era un momento di gioia condivisa, reso ancora più speciale dalla presenza di tutti coloro che avevano trovato conforto e gioia nella pasticceria nel corso degli anni.

Quel giorno, la pasticceria era piena di risate e abbracci, e l'atmosfera era carica di amore e gratitudine. Era un tributo all'importanza di questo luogo magico, dove i sogni prendevano vita, le amicizie si creavano e l'armonia dei gusti si traduceva in un'esperienza unica.

E così, "La Pasticceria dei Segreti" continuò a essere un luogo di ispirazione, di connessioni umane e di dolcezza nella vita di tutti coloro che avevano la fortuna di varcarne la soglia. Era un luogo dove le storie si intrecciavano, dove l'arte prendeva forma, e dove l'amore e l'amicizia trovavano una dimora sicura tra i profumi e i sapori che solo un luogo così speciale poteva offrire.

The Harmony of Tastes

In the heart of Florence, amid ancient stones and the scents of history, there was a magical place that drew souls in search of solace and culinary delights. It was "The Bakery of Secrets," a hidden gem where dreams mingled with the sweet scent of freshly baked pastries.

The heart and soul of the bakery were embodied in Giorgio, a man whose smile was as welcoming as the delicacies he created. His passion for baking was palpable in every cake, in every cookie, and his ability to listen was a gift he gave without reservation. People didn't just come to taste his sweets; they also came to share their deepest thoughts.

One day, a young writer named Luca sat alone in a corner of the bakery. He looked contemplative, as if the weight of the world rested on his shoulders. He ordered a cup of coffee and a slice of cream cake and began writing in his notebook, seeking inspiration.

Giorgio noticed the young writer and, with his warm smile, approached him. "May I offer you something special today?" Giorgio asked, referring to the sweets displayed behind the glass.

Luca gazed at the dessert counter with admiration. "What would you recommend, Giorgio? I'm searching for some inspiration for my novel."

Giorgio smiled even more. "Well, Luca, they say that tastes can awaken memories and inspire stories. Perhaps a slice of our cream cake could take you back in time to when you were a child, and your grandmother used to make her delicacies."

Luca nodded and accepted the slice of cream cake. As he savored the first bite, he closed his eyes and seemed to travel back in time. The creamy sweetness and delicacy of the cake made him remember afternoons spent in his grandmother's kitchen, with the scent of the dessert lingering in the air.

Giorgio remained silent, letting Luca get lost in his thoughts. When Luca opened his eyes again, there was a gleam of inspiration in them.

"Giorgio, you're right," Luca said. "This cake took me back in time. I've just found inspiration for my novel. It will be a story of sweets and memories."

Giorgio smiled contentedly. "I'm glad I could help, Luca. It will be a pleasure to read your novel when it's ready."

In the following weeks, Luca became a frequent visitor to the bakery, bringing with him the first drafts of his novel. Each time, Giorgio listened attentively as Luca shared details of the plot and the characters coming to life on his pages. It was as if the bakery itself had become an integral part of Luca's creative process.

Meanwhile, a young pianist named Sofia became a regular customer of the bakery. She was a talented musician, but lately, she had lost her inspiration for composing. One day, while sipping coffee and savoring a delicious almond cake, she noticed Luca sitting in a corner, engrossed in writing.

Sofia decided to approach Luca and inquire about his work. Luca, always open to new friendships and sharing his passion, began to tell her about his work in progress and the challenges he faced in composing his novel.

Sofia listened attentively, and as she did, the music seemed to return to her mind. Sounds and melodies began to dance in her head like the words of a song. It was as if Luca's inspiration had triggered Sofia's.

"You know, Luca," Sofia said, "I had an idea for a new composition while we were talking. It would be wonderful if we could work together, combining your narrative and my music."

Luca smiled enthusiastically. "It would be an honor, Sofia. I think together we can create something truly special."

Thus began a unique collaboration between the young writer and the talented pianist. They met regularly at the bakery, discussing ideas and bringing their creation to life with the sweetness of Giorgio's pastries and the warmth of his coffee as a backdrop. Their collaboration became a perfect harmony between words and music, and the result was a work of art that touched the souls of those who listened or read it.

In the meantime, the bakery continued to be a meeting place for many other people. Loving couples came to celebrate their anniversaries, friends gathered to share laughter and confidences, and lonely travelers found comfort in Giorgio's kindness and the beauty of his sweets.

One day, an elderly lady named Maria entered the bakery. She was a regular customer, but this time, she had a radiant smile on her face. She sat at her favorite table and ordered a slice of ricotta and lemon cake.

Giorgio noticed Maria's enthusiasm and asked, "What's so special today, Maria? You look so happy."

Maria smiled and began to tell her story. "Today is my fiftieth wedding anniversary, Giorgio. And my husband, who has never been a great lover of sweets, decided to come here with me to celebrate."

Giorgio joined in Maria's joy and brought her a special slice of ricotta and lemon cake, decorated with candles. When Maria's husband arrived, all the customers in the bakery applauded as the couple cut the cake together. It was a moment of shared joy, made even more special by the presence of all those who had found comfort and joy in the bakery over the years.

That day, the bakery was filled with laughter and embraces, and the atmosphere was charged with love and gratitude. It was a tribute to the importance of this magical place, where dreams came to life, friendships were formed, and the harmony of tastes translated into a unique experience.

And so, "The Bakery of Secrets" continued to be a place of inspiration, human connections, and sweetness in the lives of all those fortunate enough to cross its threshold. It was a place where stories intertwined, where art took shape, and where love and friendship found a safe haven among the scents and flavors that only such a special place could offer.

19

Il Segreto delle Stelle

Nel cuore di Firenze, tra vicoli tortuosi e antichi edifici, c'era un luogo dove il tempo sembrava rallentare e i sogni diventavano realtà: "La Pasticceria dei Segreti". Questo piccolo angolo di paradiso culinario era custodito da Giorgio, un pasticciere con una passione per la dolcezza e un sorriso che scioglieva il cuore di chiunque entrasse nella sua pasticceria.

Una calda sera d'estate, il cielo era dipinto di rosso e oro mentre il sole scendeva all'orizzonte. Nella pasticceria, le luci soffuse accendevano un'atmosfera magica, e il profumo di dolci appena sfornati riempiva l'aria.

In un angolo accogliente, sedeva una giovane donna di nome Elena. Aveva gli occhi fissi sul suo quaderno di disegni e uno sguardo assorto, come se cercasse di catturare la bellezza del mondo su carta. Elena amava dipingere le stelle, ed era affascinata dal cielo notturno.

Mentre sorseggiava un cappuccino e assaporava una fetta di torta alle fragole, Elena pensava a quanto fosse difficile catturare la luminosità delle stelle sulle sue tele. Desiderava trasmettere la bellezza che vedeva ogni notte, quando guardava il cielo dal suo balcone.

Giorgio, che aveva osservato Elena mentre creava i suoi disegni, si avvicinò con gentilezza. "Buonasera, Elena. Ho notato che i tuoi occhi brillano come le stelle. Cosa stai cercando di catturare con i tuoi disegni?"

Elena sorrise e raccontò a Giorgio della sua passione per le stelle e del desiderio di condividerne la bellezza con il mondo. "Vorrei che tutti potessero vedere il cielo notturno come lo vedo io, con la sua infinita luminosità e mistero."

Giorgio ascoltò attentamente e annuì. "Le stelle sono davvero un mistero affascinante. Ma forse c'è un modo per catturare la loro bellezza in un modo diverso. Aspetta un attimo."

Giorgio scomparve dietro il bancone e tornò con una scatola di piccole torte a forma di stella. Erano decorate con glassa scintillante e piccole stelle dorate. "Le ho appena sfornate. Le chiamo 'Stelle Dolci'. Vuoi provarle?"

Elena accettò una delle torte a forma di stella e assaporò il primo morso. Era una combinazione di dolcezza e croccantezza, con un tocco di vaniglia e fragole fresche. Era come se avesse assaggiato un pezzo del cielo stellato.

"Ecco," disse Giorgio, "queste sono le stelle che puoi catturare e condividere con il mondo. Ogni boccone è un frammento del cielo notturno."

Gli occhi di Elena brillarono di gioia. "È incredibile, Giorgio! Queste Stelle Dolci sono esattamente ciò che desideravo. Posso portarle con me mentre disegno le stelle sul mio balcone."

Negli anni successivi, Elena divenne una cliente affezionata della pasticceria, e ogni volta che visitava il negozio, portava con sé i suoi disegni di stelle e condivideva storie sulle notti passate a contemplare il cielo. La sua passione per le Stelle Dolci di Giorgio divenne una parte importante delle sue notti di creazione.

Intanto, un giovane astrofisico di nome Marco frequentava la pasticceria. Era un appassionato osservatore del cielo e spesso condivideva le sue conoscenze astronomiche con Giorgio durante le sue visite. Marco aveva una profonda ammirazione per il lavoro di Elena e la sua capacità di catturare la bellezza delle stelle.

Un giorno, Elena e Marco si trovarono casualmente nella pasticceria mentre erano entrambi lì per una pausa. Si riconobbero dai loro frequenti incontri e iniziarono a chiacchierare. Elena raccontò a Marco della sua passione per il disegno delle stelle, e Marco condivise la sua passione per l'astronomia e l'osservazione delle stelle.

Mentre conversavano, notarono che avevano interessi complementari. Marco suggerì che potrebbero lavorare insieme per creare qualcosa di straordinario: un progetto che avrebbe combinato l'arte di Elena nel disegnare le stelle con la conoscenza di Marco sugli astri.

Nacque così un'amicizia e una collaborazione unica. Elena iniziò a disegnare dettagliate rappresentazioni delle costellazioni e dei pianeti, mentre Marco le forniva informazioni scientifiche precise sulle stelle e il sistema solare. Il loro obiettivo era creare opere d'arte che fossero educative e ispiranti.

Durante le loro riunioni nella pasticceria, Elena e Marco lavoravano al progetto, scambiavano idee e condividevano sogni di condividere la bellezza del cielo con il mondo. Ogni volta che Giorgio sentiva le loro conversazioni, sapeva che stava assistendo alla nascita di qualcosa di straordinario.

Nel frattempo, la pasticceria continuava ad essere un luogo di incontro per molte persone. Coppie innamorate venivano a festeggiare i loro anniversari, amici si riunivano per condividere risate e confidenze, e viaggiatori solitari trovavano conforto nella gentilezza di Giorgio e nella bellezza dei suoi dolci.

Un giorno, un anziano signore di nome Giovanni entrò nella pasticceria. Era un cliente regolare, ma questa volta aveva uno sguardo diverso nei suoi occhi. Si sedette al suo tavolo preferito e chiese una fetta di torta al cioccolato, il suo dolce preferito.

Giorgio notò l'aria pensierosa di Giovanni e chiese: "Cosa ti trattiene, Giovanni? Sembri preoccupato."

Giovanni sospirò e iniziò a raccontare. "Domani è il mio cinquantesimo anniversario di matrimonio, Giorgio. E mia moglie, che è sempre stata un'appassionata delle stelle, non è più con me per festeggiare."

Giorgio comprese il dolore di Giovanni e gli portò una fetta speciale di torta al cioccolato, decorata con stelle di cioccolato. "Potresti portare questa torta a casa e condividerla con tua moglie in memoria delle notti stellate che avete condiviso."

Giovanni annuì con gratitudine e portò la torta a casa. La cena con la torta al cioccolato e le stelle di cioccolato divenne un modo speciale per Giovanni di onorare la memoria di sua moglie e le loro notti passate sotto le stelle.

Quel giorno, la pasticceria fu nuovamente un luogo di condivisione e conforto, dove le Stelle Dolci di Elena, l'arte di Marco e la gentilezza di Giorgio continuarono a illuminare le vite delle persone. Era un luogo dove i sogni prendevano forma, dove le amicizie nascevano e dove il cielo stellato si rifletteva nei cuori di coloro che vi entravano.

Così, "La Pasticceria dei Segreti" continuò a essere un luogo dove i desideri si realizzavano, dove la conoscenza e l'arte si fondevano e dove il cielo notturno era sempre presente, in ogni Stella Dolce e in ogni stella nel cielo. Era un luogo dove il segreto delle stelle si trasformava in una dolce realtà, dove le stelle erano tanto nei cieli quanto nei cuori delle persone che condividevano il loro amore per esse.

The Secret of the Stars

In the heart of Florence, amid winding alleys and ancient buildings, there was a place where time seemed to slow down, and dreams came to life: "The Bakery of Secrets." This little corner of culinary paradise was overseen by Giorgio, a pastry chef with a passion for sweetness and a smile that melted the hearts of anyone who entered his bakery.

One warm summer evening, the sky was painted with shades of red and gold as the sun descended on the horizon. Inside the bakery, soft lights illuminated a magical atmosphere, and the scent of freshly baked pastries filled the air.

In a cozy corner, sat a young woman named Elena. She had her eyes fixed on her sketchbook and a contemplative look, as if she were trying to capture the beauty of the world on paper. Elena loved painting stars and was fascinated by the night sky.

As she sipped a cappuccino and savored a slice of strawberry cake, Elena pondered how difficult it was to capture the brightness of the stars on her canvases. She wished that everyone could see the night sky as she did, with its endless luminosity and mystery.

Giorgio, who had been observing Elena as she created her drawings, approached her with kindness. "Good evening, Elena. I noticed that your eyes shine like the stars. What are you trying to capture with your drawings?"

Elena smiled and told Giorgio about her passion for stars and her desire to share their beauty with the world. "I wish everyone could see the night sky as I do, with its infinite brightness and mystery."

Giorgio listened attentively and nodded. "Stars are truly a fascinating mystery. But perhaps there is a way to capture their beauty in a different way. Wait a moment."

Giorgio disappeared behind the counter and returned with a box of small star-shaped cakes. They were decorated with sparkling icing and tiny golden stars. "I just baked these. I call them 'Sweet Stars.' Would you like to try them?"

Elena accepted one of the star-shaped cakes and savored the first bite. It was a combination of sweetness and crispness, with a hint of vanilla and fresh strawberries. It was as if she had tasted a piece of the starry sky.

"There," said Giorgio, "these are the stars you can capture and share with the world. Each bite is a fragment of the night sky."

Elena's eyes sparkled with joy. "It's incredible, Giorgio! These Sweet Stars are exactly what I wanted. I can take them with me while I draw the stars on my balcony."

In the following years, Elena became a loyal customer of the bakery, and every time she visited the shop, she brought her star drawings and shared stories about the nights she spent contemplating the sky. Her passion for Giorgio's Sweet Stars became an important part of her creative nights.

Meanwhile, a young astrophysicist named Marco frequented the bakery. He was a passionate sky-watcher and often shared his astronomical knowledge with Giorgio during his visits. Marco had a deep admiration for Elena's work and her ability to capture the beauty of the stars.

One day, Elena and Marco ran into each other at the bakery while both were there for a break. They recognized each other from their frequent encounters and began chatting. Elena told Marco about her passion for drawing stars, and Marco shared his passion for astronomy and star-watching.

As they conversed, they noticed that their interests complemented each other. Marco suggested that they could work together to create something extraordinary: a project that would combine Elena's art of drawing stars with Marco's knowledge of the cosmos.

Thus began a unique friendship and collaboration. Elena started to create detailed representations of constellations and planets, while Marco provided precise scientific information about the stars and the solar system. Their goal was to create artworks that were both educational and inspiring.

During their meetings at the bakery, Elena and Marco worked on the project, exchanged ideas, and shared dreams of sharing the beauty of the sky with the world. Every time Giorgio overheard their conversations, he knew he was witnessing the birth of something extraordinary.

In the meantime, the bakery continued to be a meeting place for many people. Loving couples came to celebrate their anniversaries, friends gathered to share laughter and confidences, and lonely travelers found comfort in Giorgio's kindness and the beauty of his sweets.

One day, an elderly gentleman named Giovanni entered the bakery. He was a regular customer, but this time, he had a different look in his eyes. He sat at his favorite table and ordered a slice of chocolate cake, his favorite dessert.

Giorgio noticed Giovanni's contemplative air and asked, "What's holding you back, Giovanni? You seem worried."

Giovanni sighed and began to tell his story. "Tomorrow is my fiftieth wedding anniversary, Giorgio. And my wife, who has always been passionate about the stars, is no longer with me to celebrate."

Giorgio understood Giovanni's pain and brought him a special slice of chocolate cake, decorated with chocolate stars. "You could take this cake home and share it with your wife in memory of the starry nights you shared."

Giovanni nodded with gratitude and took the cake home. The dinner with the chocolate cake and the chocolate stars became a special way for Giovanni to honor his wife's memory and the nights they spent under the stars.

That day, the bakery was once again a place of sharing and comfort, where Elena's Sweet Stars, Marco's art, and Giorgio's kindness continued to brighten people's lives. It was a place where dreams took shape, where friendships were born, and where the starry sky was always present, in every Sweet Star and in every star in the sky. It was a place where the secret of the stars turned into a sweet reality, where the stars were both in the heavens and in the hearts of people who shared their love for them.

Il Profumo dell'Autunno

Nel cuore di Firenze, tra vicoli acciottolati e facciate antiche illuminate dai colori caldi dell'autunno, "La Pasticceria dei Segreti" apriva le sue porte ogni giorno. La stagione autunnale aveva avvolto la città in un manto di foglie dorate, e il profumo di castagne arrosto e cioccolata calda aleggiava nell'aria. Era il momento perfetto per visitare la pasticceria di Giorgio.

I clienti affezionati sapevano che l'autunno portava con sé una sorpresa speciale in questa pasticceria. Era la stagione in cui Giorgio creava il suo celebre "Dolce Autunnale," una torta unica che combinava la dolcezza delle mele cotte con la croccantezza delle noci e una spruzzata di cannella. Era un piacere autunnale che molti aspettavano con trepidazione.

Una mattina d'autunno, una giovane donna di nome Isabella varcò la soglia della pasticceria. Era la sua prima visita e il profumo di dolci appena sfornati la avvolse come un abbraccio caloroso. Si sedette ad un tavolo vicino alla finestra, dalla quale poteva ammirare le foglie d'autunno danzare al vento.

Giorgio, con il suo solito sorriso accogliente, si avvicinò a Isabella. "Benvenuta, cara. Cosa posso offrirti in questa bellissima giornata d'autunno?"

Isabella guardò il bancone dei dolci e notò una torta dall'aspetto irresistibile. Era decorata con fette di mele cotte e noci tostate, e la cannella le conferiva un tocco di calore. "Vorrei assaggiare una fetta di questa torta autunnale, per favore."

Giorgio annuì e le servì una fetta generosa della sua creazione autunnale. Mentre Isabella gustava il primo morso, i sapori autunnali si diffusero nella sua bocca. Era una sinfonia di dolcezza e croccantezza, con la cannella che danzava delicatamente sulle sue papille gustative.

Isabella non poté fare a meno di esclamare, "È incredibile! Questo Dolce Autunnale è davvero un capolavoro. Mi fa sentire come se fossi avvolta in un abbraccio di autunno."

Giorgio sorrise con soddisfazione. "Sono felice che ti piaccia, Isabella. L'autunno è la mia stagione preferita per creare dolci che catturino lo spirito di questa stagione magica."

Negli incontri successivi, Isabella divenne una cliente regolare della pasticceria. Ogni volta che entrava, si lasciava avvolgere dal profumo del Dolce Autunnale di Giorgio e lo accompagnava con una tazza di cioccolata calda fumante. Era diventata una tradizione personale, un modo per celebrare l'autunno e trovare conforto in un luogo così accogliente.

Intanto, un giovane scrittore di nome Leonardo stava vivendo una fase di blocco dello scrittore. Aveva iniziato a scrivere un nuovo romanzo ambientato in autunno, ma le parole sembravano sfuggirgli. Era bloccato, incapace di trasformare le sue idee in una storia coesa.

Una sera d'autunno, Leonardo decise di fare una passeggiata per cercare ispirazione. Girovagò tra le strade di Firenze, ammirando i colori vividi delle foglie cadenti e i riflessi dorati del sole al tramonto. Tuttavia, l'ispirazione tardava ad arrivare.

Poi, come se il destino avesse preso parte al suo cammino, Leonardo finì per passare davanti a "La Pasticceria dei Segreti". Il profumo invitante del Dolce Autunnale lo avvolse all'istante, e sentì un irresistibile desiderio di entrare.

Si sedette a un tavolo e ordinò una fetta del Dolce Autunnale di Giorgio e una tazza di caffè. Mentre assaporava il dolce, chiuse gli occhi e si immerse nei sapori e nei profumi dell'autunno. Era come se il Dolce Autunnale stesse narrando una storia sulla stagione stessa, con le mele, le noci e la cannella come protagonisti.

Leonardo si sentì ispirato. Aprì il suo taccuino e iniziò a scrivere freneticamente. Le parole scaturivano come foglie d'autunno danzanti al vento, prendendo vita sulla pagina. Era come se il Dolce Autunnale avesse sciolto il blocco dello scrittore e lo avesse trasportato direttamente nell'atmosfera autunnale della sua storia.

Giorgio, che aveva osservato Leonardo mentre scriveva con passione, si avvicinò silenziosamente. "Posso offrirti qualcos'altro, Leonardo? Sembra che l'ispirazione stia fluendo."

Leonardo sorrise e ringraziò Giorgio. "Il Dolce Autunnale è stato esattamente ciò di cui avevo bisogno. È come se avesse sbloccato la mia creatività. Ma sì, una tazza di cioccolata calda per favore. È il tocco finale perfetto."

Giorgio tornò con una tazza fumante di cioccolata calda, decorata con panna montata e scaglie di cioccolato. Leonardo prese un sorso e continuò a scrivere, trasportato dalla magia dell'autunno e dai sapori del Dolce Autunnale.

Nelle settimane successive, Leonardo tornò spesso alla pasticceria, portando con sé le prime bozze del suo romanzo. Ogni volta, Giorgio lo ascoltava attentamente mentre condivideva i dettagli della trama e i personaggi che prendevano vita nelle sue pagine. Era come se il Dolce Autunnale avesse instaurato un legame speciale tra Leonardo e la pasticceria.

Intanto, una giovane pittrice di nome Sofia aveva scoperto la pasticceria durante una delle sue passeggiate autunnali. Era una talentuosa artista, ma di recente aveva perso l'ispirazione per dipingere. Si era seduta a un tavolo e aveva ordinato una fetta del Dolce Autunnale di Giorgio, sperando che potesse ravvivare la sua creatività.

Mentre assaporava il dolce, Sofia osservava i colori autunnali fuori dalla finestra. Le tonalità di rosso, arancione e giallo delle foglie le ricordavano le pennellate su una tela. Era come se l'autunno stesso fosse un'opera d'arte, ma lei non riusciva a catturare quella bellezza.

Giorgio notò il suo sguardo pensieroso e si avvicinò con gentilezza. "Buonasera, Sofia. Posso chiederti cosa ti trattiene oggi?"

Sofia raccontò a Giorgio della sua passione per la pittura e della sua recente mancanza di ispirazione. "Ho cercato ovunque, ma sembra che l'autunno abbia una bellezza unica che non riesco a catturare sulla tela."

Giorgio annuì con comprensione. "L'autunno è davvero una stagione straordinaria. Ma forse c'è un modo per catturare la sua bellezza in un modo diverso. Aspetta un attimo."

Giorgio sparì dietro il bancone e tornò con una scatola di biscotti a forma di foglia. Erano decorati con glassa colorata, che riproduceva le sfumature delle foglie cadenti. "Ho appena sfornato questi biscotti autunnali. Sono ispirati alla bellezza delle foglie d'autunno. Cosa ne dici?"

Sofia accettò un biscotto e lo osservò con attenzione. Era come se avesse tra le mani una piccola opera d'arte commestibile. Assaporando il biscotto, scoprì che era una delizia di croccantezza e dolcezza, con una nota di cannella che le ricordava la pastosità delle foglie autunnali.

"Ecco," disse Giorgio, "questi biscotti sono una piccola parte dell'autunno che puoi portare con te mentre dipingi. Ogni biscotto è un'opera d'arte in sé."

Gli occhi di Sofia si riempirono di gioia. "Sono meravigliosi, Giorgio! Questi biscotti autunnali sono perfetti. Posso portarli con me mentre cerco di catturare l'autunno sulla mia tela."

Sofia divenne una cliente abituale della pasticceria e ogni volta che visitava il negozio, portava con sé i suoi dipinti e condivideva le sfumature autunnali che aveva catturato con i biscotti di Giorgio. La sua ispirazione tornò, alimentata dalla bellezza dell'autunno e dalla gentilezza di Giorgio.

Nel frattempo, la pasticceria continuava a essere un luogo di incontro per molte persone. Coppie innamorate venivano a festeggiare i loro anniversari, amici si riunivano per condividere risate e confidenze, e viaggiatori solitari trovavano conforto nella gentilezza di Giorgio e nella bellezza dei suoi dolci autunnali.

Quel giorno, la pasticceria fu nuovamente un luogo di condivisione e conforto, dove il Dolce Autunnale di Giorgio, l'arte di Sofia e la gentilezza di Giorgio continuarono a illuminare le vite delle persone. Era un luogo dove l'autunno prendeva vita, dove l'ispirazione fioriva e dove la bellezza delle foglie cadenti si rifletteva nei cuori di coloro che vi entravano.

Così, "La Pasticceria dei Segreti" continuò a essere un luogo dove le stagioni si trasformavano in dolci realtà, dove l'arte e la creatività fiorivano e dove l'autunno era sempre presente, in ogni Dolce Autunnale e in ogni foglia autunnale decorata. Era un luogo dove il profumo dell'autunno era un invito a condividere dolcezza, bellezza e storie che riscaldavano l'anima in una stagione di cambiamento.

The Scent of Autumn

In the heart of Florence, amidst cobblestone streets and ancient facades illuminated by the warm colors of autumn, "The Bakery of Secrets" opened its doors every day. The autumn season had wrapped the city in a blanket of golden leaves, and the scent of roasted chestnuts and hot chocolate wafted through the air. It was the perfect time to visit Giorgio's bakery.

Loyal customers knew that autumn brought a special surprise to this bakery. It was the season when Giorgio created his famous "Autumn Delight," a unique cake that combined the sweetness of baked apples with the crunchiness of walnuts and a sprinkle of cinnamon. It was an autumn pleasure that many looked forward to.

One autumn morning, a young woman named Isabella stepped through the bakery's doors. It was her first visit, and the scent of freshly baked pastries enveloped her like a warm hug. She settled at a table near the window, from which she could admire the autumn leaves dancing in the wind.

Giorgio, with his usual welcoming smile, approached Isabella. "Welcome, dear. What can I offer you on this beautiful autumn day?"

Isabella glanced at the pastry counter and noticed an irresistible-looking cake. It was adorned with slices of baked apples and toasted walnuts, and the cinnamon gave it a touch of warmth. "I'd like to try a slice of this autumn cake, please."

Giorgio nodded and served her a generous slice of his autumn creation. As Isabella tasted the first bite, autumn flavors spread in her mouth. It was a symphony of sweetness and crunchiness, with cinnamon delicately dancing on her taste buds.

Isabella couldn't help but exclaim, "It's incredible! This Autumn Delight is truly a masterpiece. It makes me feel like I'm wrapped in an autumn embrace."

Giorgio smiled with satisfaction. "I'm glad you like it, Isabella. Autumn is my favorite season to create desserts that capture the spirit of this magical time."

In the following encounters, Isabella became a regular customer of the bakery. Every time she entered, she let herself be enveloped by the scent of Giorgio's Autumn Delight and accompanied it with a steaming cup of hot chocolate. It had become a personal tradition, a way to celebrate autumn and find comfort in such a welcoming place.

Meanwhile, a young writer named Leonardo was experiencing a writer's block. He had started writing a new novel set in autumn, but the words seemed to elude him. He was stuck, unable to transform his ideas into a cohesive story.

One autumn evening, Leonardo decided to take a walk to seek inspiration. He wandered through the streets of Florence, admiring the vivid colors of falling leaves and the golden reflections of the setting sun. However, inspiration was slow to arrive.

Then, as if fate had intervened in his path, Leonardo ended up passing by "The Bakery of Secrets." The inviting scent of Autumn Delight instantly enveloped him, and he felt an irresistible urge to enter.

He sat at a table and ordered a slice of Giorgio's Autumn Delight and a cup of coffee. As he savored the dessert, he closed his eyes and immersed himself in the flavors and scents of autumn. It was as if Autumn Delight was narrating a story about the season itself, with apples, walnuts, and cinnamon as the protagonists.

Leonardo felt inspired. He opened his notebook and began writing feverishly. Words flowed like autumn leaves dancing in the wind, coming to life on the page. It was as if Autumn Delight had unlocked his writer's block and transported him directly into the autumn atmosphere of his story.

Giorgio, who had been watching Leonardo as he wrote with passion, approached quietly. "Can I offer you something else, Leonardo? It seems that inspiration is flowing."

Leonardo smiled and thanked Giorgio. "Autumn Delight was exactly what I needed. It's as if it unlocked my creativity. But yes, a cup of hot chocolate, please. It's the perfect finishing touch."

Giorgio returned with a steaming cup of hot chocolate, adorned with whipped cream and chocolate shavings. Leonardo took a sip and continued writing, carried away by the magic of autumn and the flavors of Autumn Delight.

In the following weeks, Leonardo returned often to the bakery, bringing with him the first drafts of his novel. Each time, Giorgio listened attentively as Leonardo shared the details of the plot and the characters coming to life on his pages. It was as if Autumn Delight had forged a special bond between Leonardo and the bakery.

Meanwhile, a young painter named Sofia had discovered the bakery during one of her autumn walks. She was a talented artist, but lately, she had lost her inspiration to paint. She sat at a table and ordered a slice of Giorgio's Autumn Delight, hoping it might rekindle her creativity.

As she savored the dessert, Sofia watched the autumn colors outside the window. The shades of red, orange, and yellow leaves reminded her of brushstrokes on a canvas. It was as if autumn itself were a work of art, but she couldn't capture that beauty.

Giorgio noticed her contemplative gaze and approached with kindness. "Good evening, Sofia. May I ask what's holding you back today?"

Sofia shared with Giorgio her passion for painting and her recent lack of inspiration. "I've searched everywhere, but it seems that autumn has a unique beauty that I can't capture on canvas."

Giorgio nodded in understanding. "Autumn is indeed an extraordinary season. But perhaps there's a way to capture its beauty in a different way. Wait a moment."

Giorgio disappeared behind the counter and returned with a box of leaf-shaped cookies. They were decorated with colorful icing, replicating the hues of falling leaves. "I've just baked these autumn cookies. They are inspired by the beauty of autumn leaves. What do you think?"

Sofia accepted a cookie and observed it carefully. It was as if she held a small edible work of art in her hands. As she tasted the cookie, she discovered it was a delightful combination of crispness and sweetness, with a hint of cinnamon that reminded her of the richness of autumn leaves.

"There," said Giorgio, "these cookies are a small part of autumn that you can take with you while you paint. Each cookie is a work of art in itself."

Sofia's eyes filled with joy. "They are wonderful, Giorgio! These autumn cookies are perfect. I can take them with me while I try to capture autumn on my canvas."

Sofia became a regular customer of the bakery, and every time she visited the shop, she brought her paintings and shared the autumn hues she had captured with Giorgio's cookies. Her inspiration returned, fueled by the beauty of autumn and Giorgio's kindness.

In the meantime, the bakery continued to be a meeting place for many people. Loving couples came to celebrate their anniversaries, friends gathered to share laughter and confidences, and lonely travelers found comfort in Giorgio's kindness and the beauty of his autumn sweets.

That day, the bakery was once again a place of sharing and comfort, where Giorgio's Autumn Delight, Sofia's art, and

Giorgio's kindness continued to brighten people's lives. It was a place where autumn came to life, where inspiration blossomed, and where the beauty of falling leaves was reflected in the hearts of those who entered.

Thus, "The Bakery of Secrets" continued to be a place where seasons turned into sweet realities, where art and creativity flourished, and where autumn was always present, in every Autumn Delight and in every hand-carved sugar leaf. It was a place where the scent of autumn was an invitation to share sweetness, beauty, and stories that warmed the soul in a season of change.

Il Segreto della Gratitudine

Era una giornata d'autunno calma e serena quando la piccola campana sopra la porta di "La Pasticceria dei Segreti" tintinnò. La luce dorata del sole filtrava attraverso le foglie d'acero che si tingevano di rosso e oro, creando un'atmosfera magica. La pasticceria sembrava un rifugio incantato in cui i segreti potevano essere condivisi tra amici e sconosciuti.

All'interno della pasticceria, Giorgio si dedicava alle sue creazioni autunnali. Stava preparando una serie di biscotti a forma di foglia, ognuno decorato con una citazione autunnale. Era una tradizione che aveva iniziato molti anni prima, un modo per condividere le parole e la dolcezza con i clienti durante la stagione autunnale.

In un angolo del negozio, una giovane donna di nome Maria stava leggendo un libro mentre sorseggiava una tazza di tè alla cannella. Aveva sempre amato l'autunno, con le sue foglie colorate e il profumo di spezie nell'aria. Era un momento in cui poteva ritagliarsi del tempo per se stessa e immergersi nelle storie dei libri.

Il libro che Maria stava leggendo era una raccolta di poesie autunnali, e le parole scritte dal poeta evocavano in lei un profondo senso di gratitudine per la bellezza della stagione. In quel momento, una fragranza invitante di biscotti appena sfornati raggiunse le sue narici.

Maria alzò lo sguardo dal libro e notò i biscotti a forma di foglia esposti sul bancone. Ognuno aveva una citazione diversa sulla gratitudine incisa su di esso. Era come se i biscotti portassero con sé piccoli segreti di ringraziamento.

Giorgio si avvicinò a Maria con un sorriso caloroso. "Buongiorno, cara. Posso offrirti uno di questi biscotti autunnali?"

Maria annuì con entusiasmo e prese un biscotto. Osservò la citazione incisa, che diceva: "La gratitudine è la memoria del cuore." Sorrise e poi assaporò il biscotto. Era una delizia di croccantezza e dolcezza, con la cannella che aggiungeva un tocco speciale.

"Ecco," disse Giorgio, "questi biscotti portano con sé il segreto della gratitudine. Ogni volta che li assapori, puoi ricordare quanto sia preziosa la bellezza dell'autunno."

Maria guardò Giorgio con gratitudine. "Grazie, Giorgio. Questo biscotto è meraviglioso, e la citazione è molto toccante. L'autunno è davvero un momento per riflettere e ringraziare per le bellezze della vita."

Negli incontri successivi, Maria divenne una cliente affezionata della pasticceria, e ogni volta che visitava il negozio, portava con sé il suo libro di poesie autunnali. Leggeva le citazioni dei biscotti a forma di foglia e condiva le sue riflessioni con Giorgio. Era diventato un momento speciale di condivisione tra loro.

Nel frattempo, un giovane insegnante di nome Matteo stava attraversando un periodo di stress e pressione al lavoro. Gestire una classe di giovani studenti era una sfida quotidiana, e Matteo cercava modi per rendere l'esperienza di apprendimento più significativa per i suoi ragazzi.

Un giorno, durante una pausa, Matteo decise di fare una passeggiata per liberare la mente. Attraversò il quartiere e finì per entrare in "La Pasticceria dei Segreti." Il calore dell'ambiente e il profumo di dolci appena sfornati lo avvolsero come una coperta accogliente.

Si sedette a un tavolo e ordinò una tazza di tè alla cannella. Mentre attendeva il suo tè, notò i biscotti a forma di foglia esposti sul bancone. Era affascinato dalle citazioni sulla gratitudine incise su di essi. Pensò che potessero essere un modo perfetto per ispirare i suoi studenti.

Quando Giorgio portò il tè a Matteo, notò l'interesse del giovane insegnante per i biscotti. "Posso offrirti uno di questi biscotti autunnali, Matteo?"

Matteo accettò con gratitudine e prese un biscotto. La citazione sulla foglia diceva: "La gratitudine trasforma ciò che abbiamo in abbastanza." Era esattamente il messaggio che voleva condividere con i suoi studenti.

"Questi biscotti sono davvero speciali," disse Matteo a Giorgio. "Penso che possano essere una meravigliosa fonte di ispirazione per i miei studenti. Posso acquistarne una scorta per la mia classe?"

Giorgio annuì con un sorriso. "Sarà un piacere. E posso anche includere un messaggio speciale per i tuoi studenti, se vuoi."

Matteo ringraziò Giorgio e prese una scorta di biscotti per la sua classe. Ogni giorno, prima dell'inizio delle lezioni, condivideva con i suoi studenti una citazione diversa e parlava loro del significato della gratitudine. I biscotti a forma di foglia divennero un modo speciale per connettersi con i ragazzi e insegnare loro l'importanza della gratitudine.

Nel frattempo, la pasticceria continuava a essere un luogo di incontro e condivisione. Gli amici si riunivano per festeggiare compleanni e anniversari, coppie innamorate scambiavano dolci sguardi e risate, e viaggiatori solitari trovavano calore umano e dolcezza nella gentilezza di Giorgio.

Un giorno, un anziano signore di nome Enrico entrò nella pasticceria. Era un cliente affezionato e si sedette al solito tavolo. Tuttavia, questa volta aveva una busta in mano, che teneva con affetto.

Giorgio notò la busta e chiese con curiosità: "Cosa hai lì, Enrico? Sembri portare qualcosa di speciale."

Enrico sorrise e tirò fuori un mazzo di lettere legate con un nastro blu. Erano lettere scritte a mano, tutte indirizzate a Giorgio. "Ho portato queste lettere per te, Giorgio. Sono lettere di ringraziamento dai miei nipoti."

Giorgio era sorpreso e commosso. Accettò le lettere e le aprì una per una. Ognuna conteneva un messaggio di gratitudine per la gentilezza di Giorgio e per i momenti speciali trascorsi nella pasticceria. Era evidente quanto significasse la pasticceria per la famiglia di Enrico e quanto fosse grata per l'accoglienza di Giorgio.

"Queste lettere sono un tesoro, Enrico," disse Giorgio con gratitudine. "Sono davvero toccato. E anche tu sei una parte speciale della nostra pasticceria."

Enrico sorrise e bevve un sorso di caffè. "La tua pasticceria è un luogo dove la gratitudine è al centro di tutto. È un luogo dove i segreti del cuore possono essere condivisi e dove ogni dolce ha una storia da raccontare."

Quel giorno, la pasticceria fu un luogo di profonda gratitudine, dove le parole e i gesti di ringraziamento riempivano l'aria. Era un luogo dove le citazioni autunnali sui biscotti a forma di foglia ispiravano le menti dei giovani e dove le lettere di Enrico testimoniavano il valore della gentilezza di Giorgio.

Così, "La Pasticceria dei Segreti" continuò a essere un luogo speciale in cui la gratitudine era il segreto condiviso tra clienti e il cuore di Giorgio, dove le stagioni portavano con sé dolci messaggi e dove ogni giorno era un motivo per essere grati per le piccole gioie della vita. Era un luogo in cui il profumo dell'autunno mescolato alla dolcezza dei biscotti a forma di foglia faceva sì che ogni visita fosse un ricordo prezioso di ringraziamento e condivisione.

The Secret of Gratitude

It was a calm and serene autumn day when the little bell above the door of "The Bakery of Secrets" tinkled. The golden sunlight filtered through the maple leaves, which were tinged with red and gold, creating a magical atmosphere. The bakery seemed like an enchanted refuge where secrets could be shared among friends and strangers alike.

Inside the bakery, Giorgio was immersed in his autumn creations. He was preparing a series of leaf-shaped cookies, each decorated with an autumn quote. It was a tradition he had started many years ago, a way to share words and sweetness with customers during the autumn season.

In a corner of the shop, a young woman named Maria was reading a book while sipping a cup of cinnamon tea. She had always loved autumn, with its colorful leaves and the scent of spices in the air. It was a time when she could carve out some time for herself and immerse herself in the stories of books.

The book Maria was reading was a collection of autumn poems, and the words written by the poet evoked in her a deep sense of gratitude for the beauty of the season. At that moment, an inviting fragrance of freshly baked cookies reached her nostrils.

Maria looked up from the book and noticed the leaf-shaped cookies displayed on the counter. Each one had a different quote about gratitude engraved on it. It was as if the cookies carried with them small secrets of thankfulness.

Giorgio approached Maria with a warm smile. "Good morning, dear. Can I offer you one of these autumn cookies?"

Maria nodded enthusiastically and picked up a cookie. She observed the engraved quote, which said: "Gratitude is the memory of the heart." She smiled and then savored the cookie. It was a delight of crispiness and sweetness, with the cinnamon adding a special touch.

"There," Giorgio said, "these cookies carry with them the secret of gratitude. Every time you taste them, you can remember how precious the beauty of autumn is."

Maria looked at Giorgio with gratitude. "Thank you, Giorgio. This cookie is wonderful, and the quote is very touching. Autumn is truly a time to reflect and be thankful for the beauties of life."

In the following meetings, Maria became a loyal customer of the bakery, and every time she visited the store, she brought her book of autumn poems. She read the quotes from the leaf-shaped cookies and shared her reflections with Giorgio. It had become a special moment of sharing between them.

Meanwhile, a young teacher named Matteo was going through a period of stress and pressure at work. Managing a class of young students was a daily challenge, and Matteo was looking for ways to make the learning experience more meaningful for his students.

One day, during a break, Matteo decided to take a walk to clear his mind. He walked through the neighborhood and ended up entering "The Bakery of Secrets." The warmth of the environment and the scent of freshly baked goods enveloped him like a cozy blanket.

He sat at a table and ordered a cup of cinnamon tea. While waiting for his tea, he noticed the leaf-shaped cookies displayed on the counter. He was fascinated by the quotes about gratitude engraved on them. He thought they could be a perfect way to inspire his students.

When Giorgio brought Matteo's tea, he noticed the young teacher's interest in the cookies. "Can I offer you one of these autumn cookies, Matteo?"

Matteo accepted with gratitude and picked up a cookie. The quote on the leaf said, "Gratitude transforms what we have into enough." It was exactly the message he wanted to share with his students.

"These cookies are really special," Matteo said to Giorgio. "I think they can be a wonderful source of inspiration for my students. Can I purchase a supply for my classroom?"

Giorgio nodded with a smile. "It would be my pleasure. And I can even include a special message for your students if you'd like."

Matteo thanked Giorgio and purchased a supply of cookies for his class. Every day, before the start of lessons, he shared a different quote with his students and talked to them about the meaning of gratitude. The leaf-shaped cookies became a special way to connect with the students and teach them the importance of gratitude.

Meanwhile, the bakery continued to be a place of meeting and sharing. Friends gathered to celebrate birthdays and anniversaries, loving couples exchanged sweet glances and laughter, and solitary travelers found human warmth and sweetness in Giorgio's kindness.

One day, an elderly gentleman named Enrico entered the bakery. He was a loyal customer and sat at his usual table. However, this time, he had a bag in his hand, which he held affectionately.

Giorgio noticed the bag and asked with curiosity, "What do you have there, Enrico? You seem to be carrying something special."

Enrico smiled and pulled out a bundle of handwritten letters tied with a blue ribbon. They were letters, all addressed to Giorgio. "I brought these letters for you, Giorgio. They are thank-you letters from my grandchildren."

Giorgio was surprised and moved. He accepted the letters and opened them one by one. Each one contained a message of gratitude for Giorgio's kindness and for the special moments spent in the bakery. It was clear how much the bakery meant to Enrico's family and how grateful they were for Giorgio's hospitality.

"These letters are a treasure, Enrico," Giorgio said with gratitude. "I am truly touched. And you are also a special part of our bakery."

Enrico smiled and took a sip of coffee. "Your bakery is a place where gratitude is at the center of everything. It's a place where the secrets of the heart can be shared, and where every sweet has a story to tell."

That day, the bakery was a place of deep gratitude, where words and gestures of thanks filled the air. It was a place where the autumn quotes on the leaf-shaped cookies inspired young minds and where Enrico's letters testified to the value of Giorgio's kindness.

Thus, "The Bakery of Secrets" continued to be a special place where gratitude was the shared secret between customers and Giorgio's heart, where seasons brought sweet messages, and where every day was a reason to be thankful for the small joys of life. It was a place where the scent of autumn mixed with the sweetness of leaf-shaped cookies made each visit a precious memory of thanks and sharing.

Una Sorpresa Speciale

Era una fredda mattina d'inverno a Firenze, e "La Pasticceria dei Segreti" era avvolta in un'atmosfera accogliente. Le finestre erano appannate a causa del gelo all'esterno, ma all'interno la pasticceria emanava un calore rassicurante. Era il tipo di giorno in cui un buon caffè e un dolce potevano scaldare l'anima.

Giorgio, il pasticciere, stava lavorando al banco, creando piccole opere d'arte dolci da servire ai suoi clienti. Era un uomo di abitudini, e ogni mattina preparava il suo famoso caffè e una piccola prelibatezza per iniziare la giornata. Ma quella mattina, aveva in mente una sorpresa speciale.

Nel suo laboratorio, Giorgio aveva preparato delle piccole scatole regalo, ognuna contenente un pasticcino speciale e una nota personalizzata. Aveva scelto alcuni dei suoi clienti più fedeli e voleva ringraziarli per la loro costante presenza nella pasticceria. Era una sorpresa che sperava avrebbe reso la loro giornata un po' più luminosa.

Una delle clienti speciali di Giorgio era una donna anziana di nome Sofia. Era una fedele amante dei dolci e aveva condiviso molte conversazioni affettuose con Giorgio nel corso degli anni. Era una delle prime clienti ad arrivare ogni mattina, e il suo sorriso gentile illuminava sempre la pasticceria.

Quella mattina, mentre Sofia stava gustando la sua solita colazione, Giorgio si avvicinò al suo tavolo con una scatola regalo decorata con un fiocco rosso. "Buongiorno, cara Sofia. Ho qualcosa di speciale per te oggi."

Sofia sollevò lo sguardo con sorpresa e prese la scatola dalle mani di Giorgio. "Oh, che sorpresa! Cosa c'è dentro?"

Giorgio sorrise. "Aprila e scoprirai."

Sofia aprì la scatola con curiosità e scoprì un delizioso pasticcino a forma di rosa, con petali di pasta di mandorle e un cuore di cioccolato fondente. Era una creazione davvero speciale.

Accanto al pasticcino, c'era una piccola nota che diceva: "Grazie per la tua dolce presenza nella nostra pasticceria. Sei un raggio di sole ogni giorno."

Le lacrime si affacciarono agli occhi di Sofia mentre leggeva le parole di Giorgio. "Oh, Giorgio, questa è la cosa più dolce che abbia mai ricevuto. Grazie a te per rendere ogni giornata così speciale."

Giorgio le porse un fazzoletto di carta con gentilezza. "È un piccolo gesto per dirti quanto apprezziamo la tua fedeltà. Sei parte della nostra famiglia qui."

Sofia si asciugò le lacrime e prese il pasticcino a forma di rosa. Con un sorriso radiante, lo assaporò lentamente, gustando ogni morso come se fosse un dono prezioso.

Mentre Sofia gustava il pasticcino, un altro cliente regolare, Marco, entrò nella pasticceria. Era un insegnante di musica e spesso condivideva le sue storie e la sua passione per la musica con Giorgio. Era un uomo affabile e sempre pronto a condividere una risata.

Giorgio si avvicinò a Marco e gli consegnò una scatola regalo simile a quella di Sofia. "Marco, oggi abbiamo una sorpresa per te."

Marco prese la scatola con curiosità e la aprì. All'interno c'era un pasticcino a forma di violino, con dettagli accurati fatti di pasta di mandorle e un piccolo archetto di cioccolato.

Accanto al pasticcino, c'era una nota che diceva: "La tua passione per la musica è una melodia nella nostra pasticceria. Grazie per condividerla con noi."

Marco guardò Giorgio con gratitudine e disse: "Questa è davvero una sorpresa meravigliosa, Giorgio. Non posso ringraziarti abbastanza."

Giorgio sorrise. "È un piccolo gesto per ringraziarti di essere una parte così speciale della nostra pasticceria. La tua musica rende questo posto ancora più magico."

Marco prese il pasticcino a forma di violino e lo gustò con gioia, apprezzando la maestria della decorazione e il sapore squisito.

Durante la mattinata, Giorgio consegnò altre scatole regalo ai suoi clienti fedeli, ciascuna con un pasticcino speciale e una nota personalizzata di ringraziamento. Ogni cliente si sentiva amato e apprezzato, e la pasticceria era piena di sorrisi e abbracci affettuosi.

La sorpresa speciale di Giorgio aveva portato calore e gioia alla fredda mattina d'inverno, dimostrando quanto piccoli gesti di gentilezza potessero fare la differenza. La pasticceria era diventata un luogo ancora più speciale, dove l'amicizia e la gratitudine erano celebrate ogni giorno.

Così, in quel giorno d'inverno, "La Pasticceria dei Segreti" aveva condiviso il suo segreto più dolce: che la gentilezza e la gratitudine potevano riscaldare i cuori, anche nelle giornate più fredde. E ogni cliente sapeva che era un luogo dove erano amati e apprezzati, proprio come una famiglia.

A Special Surprise

It was a cold winter morning in Florence, and "The Bakery of Secrets" was enveloped in a cozy atmosphere. The windows were fogged due to the frost outside, but inside, the bakery exuded a reassuring warmth. It was the kind of day when a good cup of coffee and a sweet treat could warm the soul.

Giorgio, the baker, was working behind the counter, creating small sweet masterpieces to serve to his customers. He was a man of habits, and every morning he prepared his famous coffee and a little delicacy to start the day. But that morning, he had something special in mind.

In his workshop, Giorgio had prepared small gift boxes, each containing a special pastry and a personalized note. He had chosen some of his most loyal customers and wanted to thank them for their constant presence in the bakery. It was a surprise he hoped would brighten their day a little.

One of Giorgio's special customers was an elderly woman named Sofia. She was a devoted lover of sweets and had shared many affectionate conversations with Giorgio over the years. She was one of the first customers to arrive every morning, and her kind smile always lit up the bakery.

That morning, as Sofia was enjoying her usual breakfast, Giorgio approached her table with a gift box adorned with a red bow.

"Good morning, dear Sofia. I have something special for you today."

Sofia looked up with surprise and took the box from Giorgio's hands. "Oh, what a surprise! What's inside?"

Giorgio smiled. "Open it, and you'll find out."

Sofia opened the box with curiosity and discovered a delightful pastry in the shape of a rose, with almond paste petals and a dark chocolate heart. It was a truly special creation.

Next to the rose-shaped pastry, there was a small note that read: "Thank you for your sweet presence in our bakery. You are a ray of sunshine every day."

Tears welled up in Sofia's eyes as she read Giorgio's words. "Oh, Giorgio, this is the sweetest thing I've ever received. Thank you for making every day so special."

Giorgio handed her a tissue gently. "It's a small gesture to tell you how much we appreciate your loyalty. You're a part of our family here."

Sofia wiped away her tears and picked up the rose-shaped pastry. With a radiant smile, she savored it slowly, enjoying every bite as if it were a precious gift.

While Sofia was enjoying the pastry, another regular customer, Marco, entered the bakery. He was a music teacher and often shared his stories and his passion for music with Giorgio. He was an affable man always ready to share a laugh.

Giorgio approached Marco and handed him a gift box similar to Sofia's. "Marco, today we have a surprise for you."

Marco took the box with curiosity and opened it. Inside was a pastry in the shape of a violin, with intricate details made of almond paste and a small chocolate bow.

Next to the violin-shaped pastry, there was a note that read: "Your passion for music is a melody in our bakery. Thank you for sharing it with us."

Marco looked at Giorgio with gratitude and said, "This is truly a wonderful surprise, Giorgio. I can't thank you enough."

Giorgio smiled. "It's a small gesture to thank you for being such a special part of our bakery. Your music makes this place even more magical."

Marco picked up the violin-shaped pastry and enjoyed it with joy, appreciating the craftsmanship of the decoration and the exquisite taste.

During the morning, Giorgio delivered more gift boxes to his loyal customers, each with a special pastry and a personalized note of thanks. Every customer felt loved and appreciated, and the bakery was filled with smiles and affectionate hugs.

Giorgio's special surprise had brought warmth and joy to the cold winter morning, demonstrating how small acts of kindness could make a difference. The bakery had become an even more special place, where friendship and gratitude were celebrated every day.

Thus, on that winter day, "The Bakery of Secrets" had shared its sweetest secret: that kindness and gratitude could warm hearts, even on the coldest days. And every customer knew it was a place where they were loved and cherished, just like family.